빈손 인생

빈손 인생

김제삼 두번째 시집

머리말

세상에 태어나서
몇십 번의 강산이 변함에
올 한해는 황해도 옹진 작은아이의 목표로
'내 인생의 완성기'로 정했습니다.

시인대학 10기로 신청 후
존경하는 박종규 교수님의 훌륭하신 강의로
10주 과정을 무사히 수료하면서
감격스럽고 자랑스러운
수료증과 우수상을 받아 든 순간
눈물이 핑 돌고 가슴이 뭉클하여
나의 별명 '울보'라는 기억이 떠올랐습니다.

이번에 틈틈이 써 두었던 시를 추가하여
두 번째 시집을 펴냅니다.

"시인이 되기 전에 사람이 되라."는
박종규 교수님의 말씀을
늘 가슴에 간직하며
혼자만이 품고 지낸
애틋한 부모님 기리는 그리움으로
한 권의 책 속에 차곡차곡 엮어 보았습니다.

이렇게 그동안 써두었던 나만의 시를
한 권의 시집으로 펴 내게 되다니
감개무량합니다.

감사드립니다.

2024년 9월
시인 요한 김 제 삼

차 례

머리말/ 4
제1부 요지경 세상/ 13

요지경 세상/ 15
삶의 모습/ 16
눈물/ 18
내비게이션/ 20
멸치/ 22
매미의 일생/ 24
꽃게/ 25
명과/ 26
빈손 인생/ 28
가는 길녘/ 30
한잔 술/ 32

제2부 키오스크에서/ 35

오늘/ 37
키오스크에서/ 38
행복 여행/ 40
연꽃/ 42
봄비 속에서/ 43
바람에 실린 너/ 44
우물가/ 46
바람과 함께 떠난 임/ 48
솜처럼 피어나는 봄꽃/ 50
두바이 여행/ 52
기내식/ 54
꿈 목표/ 56
C1본사 방문/ 58

제3부 마음이 제일 어렵다/ 59

오늘/ 61
가을과 행복/ 62
마음이 제일 어렵다/ 64
연초록 잎/ 66
동백꽃/ 68
오솔길/ 70
꽃길/ 71
개나리꽃/ 72
목련화/ 74
찔레꽃/ 76
산수유/ 78
해당화/ 79
우아한 사랑/ 80

제4부 **구름 위에 길**/ 81

구름 위에 길/ 83
나의 어머니 김순애/ 84
미꾸라지 사랑/ 86
보릿고개/ 88
셋방살이/ 90
이팝나무/ 92
가족사진/ 93
사과 한 쪽이라도/ 94
쉼표 마침표/ 96
어머니의 눈물/ 97
비행기/ 98

제5부 내 고향 창린도/ 101

연안부두/ 103
월미도/ 104
자유공원/ 106
맥아더 장군과 함께/ 108
역마차 순댓국집/ 110
내 고향 창린도/ 112
대청도/ 114
망향제/ 116
임진각에서 본 철길/ 118
작은아이/ 120
여의도/ 122
꼭 한 번만이라도/ 124

제6부 하늘에서/ 125

시산제/ 127
지하철/ 128
소풍/ 129
건강한 내 몸/ 130
이웃사촌/ 132
다이어트/ 134
반월공단/ 135
황해도 도민의 날/ 136
보청기/ 138
하늘에서/ 140

에필로그/ 142

제1부 요지경 세상

요지경 세상
삶의 모습
눈물
내비게이션
멸치
매미의 일생
꽃게
명과
빈손 인생
가는 길녘
한잔 술

요지경 세상

내 삶 힘든 거
강 건너 불구경이야
알았을 때 늦었지

누구나 그렇게 산다
그런 분도 있고
아닌 분도 주변에서 봤다

그래서 세상은 요지경
노랫말처럼
그것도 내가 만드는 삶
아닐까

삶의 모습

항상 삶의 모습은
얼굴에서 나타납니다

사랑을 하는 자 받는 자는
얼굴에서 미소가 넘칩니다

우리는 사랑으로 비로소
웃음을 만들어 갑니다

우리 삶에 미소가 항상
필요한 것은 삶의 잔잔한
여유를 보았기 때문입니다

행복은 내 마음에서 피는
웃음꽃 속에서 자랍니다

이해의 마음은
내 삶을 부드럽게 이어주는
미소의 씨앗입니다

눈물

날마다
새끼 자식만 보면
눈물인지
이슬인지

그러는지

서러움인지
그리움인지

알 수 없는
나만의
눈물인지
이슬인지

그런 삶이라는 걸
너는 알겠지?

내비게이션

이거 없었으면
어떻게 살고 있었을까
상상이 안 됩니다

문명의 이기심 덕분에
운전할 때는 다른 이에게
묻지 않아도
차분한 목소리의 아가씨는
늘 내 옆에 있었다

운전대를 놓은 지금
길을 물으면
나의 손잡고 어디든지 데리고 간다

이젠
너 없이는 살 수 없는
덕분에 고맙고
감사한 내 사랑
내비게이션

멸치

만선의 깃발 휘날리는
만석부두에 정박한 통통배
선주와 어부들 목소리는
포구를 휩쓸고
어부들의 그물 터는 합창은
하늘 높이 올라간다

어이~ 어이~ 어영차~

싱싱한 영양 덩어리
멸치가 있는 현대 동부시장
송림 건어물은 나의 단골집

눈망울 또랑또랑한 마른 멸치
가지런히 상자에 누워있는
지인과 손님들에게 선물하면
몇 배의 가성비가 되어 돌아올 땐
행복함을 선물 받는다

매미의 일생

무슨 사연이 있기에
그리도 울고 있나

무뚝뚝한 그 임에게
나에게 어서 오라고
목청 높여 구애하는가

짧은 생 마감 하는 날
땅으로 내려앉아 먹이 사슬에 묶인 채
줄을 선 그 모습이 안쓰럽구나

매미야
다시 만나는 그때에는
우리 더 흥을 돋워보자

꽃게

어릴 적 꽃게의 먹잇감이
궁금했었다

김순애 나의 엄니 생선 장사 덕분에
동생들과 많이 먹던 꽃게
그땐 고소한 맛을 왜 못 느꼈을까

요즘 소래포구 어시장은
통통하고 움직임이 분주한
주황색 알이 밴 먹음직한
꽃게가 제철을 맞았다

꽃게 철이 되면
그리운 엄니 생각에
와락 눈물이 난다

명과

동인천역 근처 길모퉁이 빵집

보통 시민과
인생을 더불어 사는 시민들로
나뉘어있는 구도심

미추홀구 송현동 아름다운 빵집은
주인이 직접 빵을 만들고
'무인 판매'로 운영한다

진열장에 쓰여 있는 글귀 하나

"빵을 드실 만큼 가져가시고
돈은 문 밑으로 넣어주세요"

넉넉지 않은 사람들이
모이는 동인천역 북광장 근처

이곳 빵집의 빵값은 저렴하고
크기도 엄청나게 크고 맛도 있어
나의 단골집이 되었다

교회 장로님이 30년을
운영하는 아름다운 빵집
진정 대한민국의 '명과점'이다

빈손 인생

인생살이 새옹지마
아무것도 아닌 것을

이런들 어떠하리
저런들 어떠하리

잘나면 얼마나 잘났고
있으면 얼마나 있으랴

웃으며 칭찬하고
덮어주고 배려하고
감사하고 나눠주며
건강하게 살면 될 것을

자식 사랑 내 사랑
손자 사랑 내 사랑

봉사하며 후원하며
밥 사며 사랑하며
열심히 사는 내 인생
좋구나! 좋다

가는 길녘

넘어가는 노을
인생 뭐 있나요?

살아보니
아무것도 아닌
용서와 배려로 이해하며 살면 될 것을

내 뜻과 생각이
틀릴 수도, 맞을 수도 있으련만
자기 뜻대로 살지 말아요

아픈 말 한마디로
가슴에 못 박지 말고

따뜻한 한마디
치료제 되어
무일푼 칭찬
아끼지 말고

좋아도 내 사랑
미워도 내 사랑
그냥 그렇게 살면 좋으련만

미워한들 무엇하리오
그런 사람마저 없으면
외로워서 어찌 살까

지는 해
긴 그림자 바라보고
동무하며 웃으며 같이 가는 것도
괜찮을 것인데

한잔 술

17세 첫 직장에서 술을 만나
클럽에서 기타 치던 시절의
즐거웠던 추억들

입대 후 군악대에 복무 중
낮에는 행사와 위문공연
저녁은 장교들 회식 자리
내무반 생활에서 동료들과
막걸리 마시던 추억들

제대 후
자리 잡은 직장에서의
동료들과 회식 자리로
즐거움이 있었다

50년 절제 음주 법 덕분
2차는 절대 없고 혼합된 술은
금주 원칙에 건강 지키며
내 인생 여기까지 왔다

한잔 술이란
내 몸을 정화 시켜 주고
인간관계를 원활히 해주는
최고의 선물이다

제2부 키오스크에서

오늘
키오스크에서
행복 여행
연꽃
봄비 속에서
바람에 실린 너
우물가
바람과 함께 떠난 임
솜처럼 피어나는 봄꽃
두바이 여행
기내식
꿈 목표
C1본사 방문

오늘

2024년 10월 1일
딱
오늘만 있습니다

반복되는 날짜지만
오직
오늘만 있습니다

오늘이라는 날은
두 번 다시
오지 않는다는 것을 잊지 마세요

알차고 소중한 시간
무언가 남을 오늘이 되기를 바랍니다.

키오스크에서

어서 오세요, 할아버지
머뭇거리지 마시고요

아무리 활짝 웃어줘도
겁부터 납니다
물어볼 수도 없고
천덕꾸러기 신세가 되었습니다

그냥
발길을 돌리고 싶은
키오스크

"제가 도와 드릴게요, 할아버지"
구제주가 나타났어요
"커피 한 잔 주문하실 거죠?"

식은땀이 송골송골 맺혔습니다.

행복 여행

행복 여행은
버리러 가는 것입니다.

무엇을 버리러 가는 걸까요

그것은 바로
알게 모르게 쌓아두었던 것들을
버리러 가는 겁니다

내 가슴에 박혀 있던
미움을 버리러 가고
분노를 버리러 가고
화딱지를 버리러 가는 것입니다

내 마음속
깊숙이 꼭꼭 숨어 있던
나만의 비밀 단지도 버리고
너에게 쏟아내고 싶은
화풀이도 할 것도
던져버리러 가는 겁니다

친구를 향한 서운함
상처로 만들어진
불행창고 속 잡동사니를
버리고 비우는 날입니다.

돌아올 때는
행복에 겨워
미소 짓는 날이 될 겁니다

연꽃

흙탕물 진흙더미 속에서
홍색 백색에 우아한 자태는
보석처럼 빛나고

고귀한 네 모습에
내 마음도 겸손해지고
부모 사랑하는 효녀 심청
애잔한 마음
꽃 속에 숨겨둔
부처님 포용 속에
우아함의 빛이 되어
피어난 너

봄비 속에서

연분홍 꽃은
내 마음 설렘 속에 가둬 놓은 영산홍

말 하나에
가슴이 물들고

미소 하나에
얼굴이 물들고

영산홍꽃 하나에
고운 마음 물든다

떨어지는 꽃잎 하나하나에
가신님 그리워 눈물 흘리는
내 마음에 꽃비가 내린다

바람에 실린 너

출근길 양옆
둘레가 제법 큰 벚나무는
즐비하게 늘어 서 있고

팝콘 기계에서 방금 튀긴 듯
화사함을 자랑하는 벚꽃
여기저기 팡팡 터지는 망울
나의 앞길을 막는다

바람에 나부끼는 꽃 꺾어
머리에 꽂고 수줍어하던
연화의 모습

꽃잎 떨어질 때는
잡힐 듯 잡히지 않고
바람을 타고 훨훨 날아가 버리는
네가 생각나는구나

우물가

앵두나무 우물가에
동네 처녀 바람났네

전쟁 당시 사망한 외국인 묘가 있던
인천 만국공원 밑에 우물가 빨래터는
나의 추억이 서려 있는 곳이다

딱히 놀거리 없을 땐
누나들이 일거리 들고나오는 우물가
기둥에 걸린 두레박은 내 차지가 된다

물을 길어 올려주면 누나들은 좋아했었다

손가락 걸며
의형제 맺자고 약속했던 국희 누나

어느 날
누나는 울면서 시집갔다

아마도
내가 첫사랑이었나보다
아마도
나에게 누나가
나의 첫사랑이었을지 모른다

지금은 나이가 많아 멀리 떠나지 않았을까
보고 싶은 누나들

바람과 함께 떠난 임

남녘 바람 불어올 때는
인생의 꽃을 피워 보지 못한
이순에 떠나버린 임이
문득 떠오릅니다

큰 꿈을 안고서
부모님 고향 찾아
멀고 먼 바다 건너 제주에 정착하며
당신의 고생 속에
자식 하나 잘 키워 보고 싶은 열정으로
열심히 살아왔건만

무슨 바쁜 일이 생겼는지
사고는 봉자 씨를 데려갔다

꽃피고 봄바람 부는 봄이 오면
당신을 생각나게 한다

솜처럼 피어난 봄꽃

뒷동산에 봄이 오려나 보다
엄동설한에 꼭꼭 숨어
기다린 복수 초는 눈앞에 다가서고

물기 없는 말라버린 나뭇가지
거센 바람에도 꺾이지 않는 고집스러움

봄볕에
가지마다 솜처럼 피어난
아름다운 꽃들

꽃이 지고
계절도 지고
나도 너처럼 활짝 필 그날이
오리라 믿었다

내 곁에 다가온 봄아
고맙다 사랑한다

두바이 여행

두바이 C1 본사 방문
내 생애 최고의
멋진 여행이다

마흔두 사람이
세계 제일의
인천공항에 모였다

거대한 활주로에서
기체 혼열의 연기를 뿜으며
이륙하니 바로 밑에는

70년 살아온 인천 바다와
섬들이 멋지게 펼쳐지니
역시 장관이다

구름 위를 열 시간 비행한다며
기내식을 주니 이 또한
내 입맛에 딱 맞는다

열심히 산 황해도 작은아이
이제는 성공한
99 88 120 시대의
당당한 선구자가 되었다

기내식

대한항공 기내식 최고다

아랍에메라이트 두바이여행
10시간 비행이라니
걱정을 많이 했다

이륙 후 1시간 드디여
처음 먹는 기내식이다

와, 요렇게 맛있을 수가
내 입맛에…

늘씬하고 예쁜 여승무원이
따라주는 와인 석 잔을 마시니

구름 위에서 마시는 와인 맛
이 기분 김삿갓에 비할까
세상 태어나 최고로
기분이 좋다

대한민국 항공의 기내식
세계에서 최고다

꿈 목표

꿈이 많던 소년
목표를 세워 이루었다

열네 살 나이에
아버님 서른여섯에 떠나셨고
홀어머니와 동생들 뒷바라지로

밤을 낮으로
열심히 살면서
항상 배움을 게을리하지 않고

꿈이 많아 목표를 세우면
꼭 달성하는 끈기를 보였다

벌써 70대 중반
이제 남은 인생도

더 큰 꿈
목표를 세워
세상에 이름을 남기고

99 88 120 시대에
사회에 봉사하고
칭찬하며 소통하는
선구자 역할을 하련다

C1 본사 방문

꿈에 그리던 환상의
세계 제일의 도시 두바이
크라우드1 본사 방문
꼭 가보고 싶었던 곳이다

지난 4년 다단계 유혹
우여곡절도 많았지만
오로지 C1에 집중했다

다행히 실버 비지니스가
자리 잡혀 몰입할 수 있었다

10월 본사 C1 상장 쇼 행사
프로모션에 최선을 다하고
참석한다면

내 남은 인생 꽃피는 봄날
영원하리라 믿는다

제3부 마음이 제일 어렵다

열쇠
가을과 행복
마음이 제일 어렵다
연초록 잎
동백꽃
오솔길
꽃길
개나리꽃
목련화
찔레꽃
산수유
해당화
우아한 사랑

열쇠

내가 가지고 있는 열쇠

잃어버리지 않으려고 애썼으나
언젠가는 잃어버렸고

나만 아는 데 두고 다녔으나
언젠가는 들키고 말았다

아무리 풀어보려고 애써도
풀 수 없는 문제

인생은
열쇠 같은 거

가을과 행복

가을은
안개와 함께
걸어간다

가을 인격의 고운
가을하늘 맑음을 싣고서
안개는 연무로 눈을 끌며
단풍 옷의 색깔을 바꾼다

주름 하나와
작은 두꺼움을 보태니
바쁜 사람의 시간을
조금 달라고 한다

공동체에 대한 신뢰와
자신 삶에 대한 통제가
아름답고 조화로울 때
행복한 삶이 가능하다.

마음이 제일 어렵다

마음이 쉽지 않다.
비 오는 새벽 풍경처럼 잘리듯
지워지는 먼 풍경들.
마법사 같은 검은 새들은
창을 스치듯 날아다닌다.
어디에도 기다림을 심지 말라고
새벽 다섯 시는 얘기한다

비에 젖은 새들은
날개를 어디서 말리는 걸까?

고단한 꿈도 꿀까?
봄은 오는 듯 간다는데…

비에 젖은
남은 꽃잎 몇 장을 떨구고
웃음 뒤의 찡그림처럼 사라진다.

푼돈으로 동굴 끝까지 들어가 본
헬멧처럼 끈은 쉽게 풀린다
널 버린 게 나였을까?

풍경을 지우듯 마음을 지운다.
사표를 낸 다음 날 눈을 뜨고
바라본 방안 풍경처럼
그래도 마음이 제일 어렵다.

연초록 잎

화무십일홍(花無十日紅)

탐스럽고 붉은 꽃이라도
열흘 넘게 피는 꽃 없으려니

진달래 누이 개나리 소년
어머니 목련 화사한 벚꽃이
만개한 사월

바람에 지는 꽃잎 소리
진정 애잔한 눈물이었구나

그래서 4월은
잔인하다고 하는가
아! 슬픈 계절이여

꽃잎은 지고
연둣빛 나뭇잎은
5월의 푸른 세상 안으로
살며시 다가서는구나

동백꽃

'헤아릴 수 없이 수많은 밤을
이 가슴 도려내는 아픔에 겨워'

'얼마나 울었기에
꽃잎이 빨갛게 멍이 들었을까'

임 그리워 새겨진 사연
그 사연을 가슴에 묻고

가신님을 그리워하는
외로운 동백꽃이 된 엄니
언제 찾아와 달래 주려나

동백꽃을 보면
가수 이미자 노래에 흠뻑 빠진
엄니의 흥얼거림에
눈물짓던 울 엄니

그리움에 빠질 때는
가끔 불러보기도 한다

오솔길

15년
내 인생의
출근과 퇴근은
언제나 나의 애인 같은
오붓한 오솔길과 마주한다

산수유 목련 진달래 개나리
벚꽃이 차례로 피어
내 마음을 설레게 한다

흙이 뿜어내는 생명력이 있기에
꽃과 함께 하루를 시작하고
마감할 즈음
나의 건강과 자신감에 도전으로
꽃 속에 묻힌 오솔길
맨발로 만 보 걷기를 시작했다

꽃길

학창 시절 사랑을 알고서
즐거웠던 그 시절

군 입대로 어쩔 수 없는 헤어짐
집배원의 고마움으로
주고받는 그리움을 알게 되었지

영영 남이 될 줄 알았던
서로의 아픔
다시 만난 그대여

이젠
꽃길만 걸어요
물론 걸림돌도 있겠지만
하나보다 둘이 걷는
행복이 넘치는 꽃길만 걸어봐요

개나리꽃

내가 나이가 들었나 보다

요즈음 왜 이리도 꽃이 예쁜지
예전엔 몰랐었다
울타리에 활짝 핀 개나리

추운 겨울 지나가고
봄이 왔음을 알리는 꽃 무더기들

'나리나리 개나리
입에 따다 물고요'

육십 년 전 초등학교 시절
생각하면서 불러본다

돌담 축대 위에 늘어선 개나리
행인들 정신 줄 풀고
구경 삼매경에 빠져든다

세월은 빨리도 흐른다

나의 손자들
어느새 중, 고등학생이 되어 있으니
세월 가는 것이 아쉽지만 어쩌랴

목련화

꽃샘추위
제일 먼저 하늘 향한 몽우리
활짝 핀 꽃은 면사포 쓴
새색시의 우아함인가

목련꽃이 필 때면
생각나는 임이 있습니다

어려운 이를 돌보며
나라님 옆에 계셨던
목련꽃 닮은 육영수 여사

남편과 자식들 두고 떠나버린
고요하고 목이 긴 임이시여

국장을 치르고
가슴 속으로 눈물 흘리시던
박정희 대통령

당신은 대한민국을 사랑하고
국민을 사랑한
지금의 선진국으로 이끄신
진정한 대통령이십니다

존경하며 경의를 간직하고 싶은
박정희 대통령님
내조로 아름다움을 간직하신
육영수 여사님 감사합니다

찔레꽃

언덕 언저리에 핀
촘촘한 작은 가시가 많은
찔레꽃

동생 업고 엄니 기다리다
꽃잎 따서 쪽쪽 빨아먹던
찔레꽃

가슴이 훨훨 타들어 가도록
기다리게 하는
찔레꽃

그리운 사랑
하얀 꽃
찔레꽃

찔레꽃 향기가 그리도 슬픈지
밤새워 울어 본 적이 있는
찔레꽃

오늘도
너를 만나기 위해 살며시
두 눈을 감아본다

산수유

엄니 잠든 산에도
노란 산수유꽃이 피었다

기다리고 기다리던
울 엄니 닮은
활짝 핀 꽃

송이마다
앳된 엄니 얼굴이 들어 있어
꽃잎 하나하나에
엄니 김순애 이름 새겨 본다

해당화

봄이 오네요
당신이 좋아하는
해당화도 피었어요

애틋하게 부르는 노래
청춘 고백 눈물짓고
두고 온 고향 그리며
해당화 주 한 잔 음미해 보세요

올해도 담가놓을 테니
꼭 오셔서 함께 드시고
노래도 불러 봐요

서해 섬마을에 피는
옹진군 해당화가
기다리고 있다

우아한 사랑

내 사랑 목련화야
너의 희고 순결함에

내 마음 설레게 하는구나

나도 너처럼
조용하며 우아함을
한 몸에 받고 싶어짐은
왜일까

제4부 구름 위에 길

자장면
나의 아버지 김주경
나의 어머니 김순애
미꾸라지 사랑
보릿고개
셋방살이
이팝나무
가족사진
어버이날
사과 한 쪽이라도
쉼표 마침표
어머니의 눈물
비행기
구름 위에

구름 위에 길

구름 위를 사뿐히
나는 고속도로

구름 위는 아우토반
고속도로다

지금은 비행기 만에
노선이지만

머지않아 날아오르는
자동차 시대가 올 것을 확신한다

인간의 두뇌는 무한대로
발전하는 경지에 있어
달나라 여행하며

하늘을 나는 자동차 시대가
꼭 오리라 믿는다

나의 어머니 김순애

새벽 5시
어김없이 어시장 향하는 발소리

아버지 옆자리엔
언제나 어머니 혼자였고
추녀 끝에 제비처럼 늘어앉은
어린 5남매 굶김 없이
몸에 배어 있는 생선 냄새

배움은 없지만
엄한 교육으로 강하게 5남매 키워내신
장한 어머니
어버이날이 되니
깊은 생각에 잠겨봅니다

헌신적인 사랑
존경합니다
고맙습니다
감사합니다

김순애 여사님
그곳에서 김주경님 만나
행복하신가요

언제가 될지
저도 그곳에 가면
꼭 안아 주실 거죠

미꾸라지 사랑

추어탕 한 그릇이 앞에 놓였다

잠시 가슴 저리는 울컥함에
눈물이 핑 돈다

어릴 적 엄니가 해주시던
미꾸라지탕

병환으로 고생하시던 아버지
몸보신하실 미꾸라지탕
엄니는 맏이인 내 몫까지
챙겨주셨지만

세상을 버리신 아버지 대신
엄니 호주가 되어버린 지난날들이
주마등처럼 지나간다

엄니 맛표 추어탕
언제 맛볼 수 있을까

떠나시는 날까지
근심 걱정 놓지 않은
엄니가 오늘따라 생각난다

보릿고개

누구나 어려운 시절이 있지만
초등학교에서 보릿고개를 배웠다

36세에 세상을 버린
아버지가 남겨둔 가족
엄니와 5남매의 호주가 된 난
양어깨가 무거웠다.

엄니 새벽 장사 나가시면
동생들 뱃속 든든히 챙겨주고
젖먹이 막냇동생 등에 업고
고픈 배 채워 주기 위해
엄니 찾아다녔다

못 먹어서 보릿고개가 아니다
어린 나이에 힘겨운 고생스러움에
난 나의 보릿고개라고 생각한다

어렵게 키워 놓은
잘 자라준 동생들

남은 날
부모님 생각하며
함께 가자 내 동생들아

셋방살이

집 없는 서러움과
아버지 없는 설움은 컸다

애들이 많다고
콧구멍만 한 작은 방도 외면하던 그 시절

35세 다섯 남매 둔
과부 김순애 울 엄니
셋방살이를 옮겨 다녀야 했다
장사 나가시려면
새벽밥 지어놓고
아이들만 남겨 놓은 집
걱정에 꼬리에 꼬리를 무는
그 마음은 오죽했으랴

10여 년 생선 냄새 몸에 바르며
고생 끝에 장만 한우리 집
기쁨의 눈물은 엄니의 볼을 타고
줄지어 흐르는 강물이 되어
그칠 줄 몰랐다

고생한 보람의 눈물인가
서러움의 눈물인가

그날
엄니의 눈물 앞에서 다짐했었다
잘 살겠다고
그리고 난 아무 말도 하지 못했다

이팝나무

드넓은 들판에
아직은 청 빛깔인 보리
바람에 살랑인다

뱃속이 허한지
꼬르륵 소리가 난다

벌써 알이 꽉 찬 이팝나무 열매
바람에 흔들리고
봄비에 추수를 서두르려
털어 내려한다

후드득후드득
땅으로 떨어지는 이팝 열매

너를 보면서 허기를 달래고 있단다
고맙다 이팝아

가족사진

삼팔선 넘어올 땐
어머니는 어린 나를 등에 업고
아버지는 살림살이라고는
지게 하나 작대기 하나 지고 오셨다

5남매 낳고 키우며 고생하시느라
다른 집들의 방문 위에 걸린
흔한 가족사진 한 장 없었다

아버지 엄니
그곳에서 가족사진 한 장 찍어 놓으셨나요
두 분 만나니 많이 행복하신지요

저도 언제가 될지
그곳에 가면 두 분께 못다 한 효도
맘껏 할게요

사과 한 쪽이라도

어렵던 살림
어머니는 제사를 꼭 지내셨다.

제사상에 차려진 음식과 과일
제사 모신 후
동생들과 나눠 먹던 사과

엄니는
사과 한 쪽도 목구멍으로 넘기지 않으신다
세 살배기 동생은
"엄마 왜 안 먹어!"

"난 못 먹는단다!" 하셨다
엄니는 사과를 왜 못 먹는다고 했을까
엄니의 심정을 알지 못한 우린
쩝쩝대며 맛있게 먹었다

5남매 자식들
하나라도 더 입에 넣어주려 했던 마음을
철이 들고 돌아가신 뒤에서야
사과 한 쪽 못 잡수시던 엄니가
가슴 저미도록 생각난다

쉼표 마침표

우리 가족을 위하여
70년을 쉼표 없이 살아온
어머니

함께 오지 못한 부모 형제
틈만 나면 고향 그리워
우시던 아버지 어머니

쉼 없는 자식들 뒷바라지 덕분에
이제는 잘 먹고 잘 쉬면서
멋지게 살고 있어요

살만하니 마침표를 찍으신
그리운 어머니
보고 싶어요

어머니의 눈물

세상이 잠든 새벽
엄니는 자식들 위에
장독에 정한수 한 그릇 떠 놓고
天地神明께 빌며 울며
가슴 저미는 모습

정규 교육은
받지 못하셨지만
예의범절 절약 정신
철저히 시켰던 엄니
그 정신 받들어
저희는 잘살고 있습니다

비행기

떴다 떴다 비행기
날아라 날아라
하늘 높이 날아라

두바이행 대한한공
비행기

백오십 분 태우고
고도에 맞춰 구름 위를
사뿐히 열 시간을 날아서…
신기하기만 하다

위대한 대한민국
그 위상이 자랑스럽고

황해도 옹진에서 태어나
두 실 때 부모님 품에 안겨
월남한 행운아 김· 제· 삼·

남은 인생 사회에 공헌하며
그 이름을 남기련다

제5부 내 고향 창린도

연안부두
월미도
자유공원
맥아더 장군과 함께
역마차 순댓국집
내 고향 창린도
대청도
망향제
임진각에서 본 철길
작은아이
여의도
꼭 한 번만이라도

연안부두

부두에 꿈을 싣고 찾아온 배
잦은 배의 출입으로
독크는 늘 붐빈다

서해안 작은 섬이 울타리가 되어
제주도와 세계로 연결되는 뱃길

많은 사연을 싣고 떠나는 뱃고동 소리
슬피 우는 갈매기 마음
어떤 마음일까?

내 사연 실은 배
물 위를 미끄러지듯 유유히 떠나간다

월미도

한국 전쟁 때
인천 상륙작전 성공으로 인하여
대한민국 역사의 자랑이 된 월미도

미군 부대가 주둔했던 우리 땅
다시 찾은 월미산은 공원으로 개발되고
레일 위를 달리는
환상의 바다 풍경을 감상할 수 있는
관광 코스가 여기 있다

월미도 앞바다
갈매기 비행하고
영종도 인천 국제공항
먼 여행 끝에 날개 접고 피로 푸는 비행기

작은 섬
작약도에서 바라본 월미산과 공원이
한눈에 들어온다

어릴 때
개펄에서 바지락과 조개잡이
망둥이 낚시
물 위에서 헤엄치는 것을 배웠던
추억이 서려 있는 곳이다

여객선 크루즈 항 개방으로 기대되는
나의 제2의 고향 인천 월미도

자유공원

아침이면 북성동 골목길을 올라
자유공원을 가로질러
인천 상륙작전 영웅
맥아더 장군 동상 앞을 지날 때는
늘 차렷 경례를 했다

한미수교100주년기념탑 모형과 어우러져
우거진 숲은 나의 추억을 만들어 주었다

왜정시대에 돌로 쌓고
아치형으로 만들어진 홍예문
몇 발만 더 걸어 내려가면
인천에서 2개교 밖에 없었던
사립 인성초등학교를 6년을 다녔고
1회 졸업생으로 졸업했다

세월이 흐른 지금
나는 자주 자유공원을 찾아
팔각정에 올라 월미도 앞바다를 바라보며
아직도 남은 많은 꿈의 목표를 외쳐본다

"나는 할 수 있다!"

맥아더 장군과 함께

인천 자유공원에 가면
대한민국 최초 조성된
서구식 공원이 있다

우리나라를 승리로 끌어낸
인천상륙 작전의 영웅
더 글라스 맥아더 장군은
옥수수 파이프를 들고
지금도 인천 앞바다를 지킨다

나의 유년기 초등 6년은
동상 앞을 지나다녔고
추억은 고스란히 살아있다.

삶 속에서 큰일을 시작하거나
이루었을 때마다
자유공원 팔각정에 올라
맥아더 장군 동상과 월미도를
바라보며 기쁨을 외치곤 했다

22대 총선
대한민국 전체 필승과
인천 필승을 위하여
맥아더 장군께 예를 갖췄다

훈련 나온
제물포고등학교 야구부 학생들도
나와 함께 큰 소리로
승리의 파이팅!을
국회의원 나리 귀에까지 들리도록 외쳤다

역마차 순댓국집

소사역 3번 출구
역마차 순댓국집

이곳에 오면 50년 전
동인천역 송현동 수문통 순댓국집이
생각난다

작은 몸집 조용한 성격으로
뚝배기에 머리 고기 듬뿍
순대 썰어 넣고
찰랑이는 국물 담긴 오지그릇
고픈 배 채우고 나면 세상이 부럽지 않았다

인정도 많고
배고픈 사람들 심정도 헤아려 주기도 하고
평양이 고향인 주인장은
고향에 두고 온 자식이 보고 싶어
술 한 잔만 마셔도 준비된 눈물은
봇물이 되어 볼을 타고 내린다

황해도가 고향인 나도
추억 속에 엄니 아버지 생각에
쥔장 울음에 동참하기도 한다

내 고향 창린도

섬에서 태어난 섬 집 아이
두 살까지 살던 곳
기억나는 것은 없다

지도는 황해도 옹진반도로 표기되어있고
옹진군 창린도 섬 군민으로서
한 가지 직책을 맡고 있기에
지도를 자주 보는 편이다

인천으로 편입된 옹진군은
전쟁 휴전 시 옹진반도를 많이 빼앗겨
작으나마 옹진군 명맥을 유지하고 있다

김정은이 대포 쏘아 올려
이름난 그곳이
나의 고향 창린도다

아~
통일되는 날 고향 가는 꿈 꾸며
창린도를 오늘도 그려 본다

대청도

엄니 아버지 품에 안겨
피난 생활 할 때의 기억을 더듬대 본다

대청도에 정착하여
삼 년 사는 동안
쌓인 추억이 눈앞을 떠다닌다

멸칫과인 까나리 말리던 곳
엄니와 함께 꼰 밥 따먹으며
참새와 놀던 어린 날

맑은 지리로
알도 넣고 끓인
밥상 위 한복판 차지한 우럭탕

엄니가 인천 가시고 없을 때
오이를 한 보따리 따서
아버지와 이모 집에서
고추장에 꾹꾹 찍어 아침밥 먹던 생각도 나고

바람이 많이 불면
모래는 언덕을 만들고
그 언덕에서 미끄럼타고 놀던
아련한 기억이 살아 숨 쉬는
아름다운 섬 대청도

엄니 아버지 그립습니다

망향제

태어난 고향이 이북이지만
수봉공원에 5도민 망향제 지내는
제단이 있다

대통령에게 건의했었다
즉석에서 지시해 마련해준 제단이다

5도 실향민들이 거주하는 인천의 수봉공원에선
설날, 한식, 추석 때마다
두고 온 고향과 부모 형제 기리는
제를 올리고 있다

나는 실향민 2세
군민회 부회장으로
기억나지 않는 고향이지만
돌아가신 부모님 대리로 참석한다

무릎 꿇고 술잔 채울 땐
"엄니 아버지 잘 계시지요!"
나의 말은 허공에 맴돌고
부모님은 대답이 없다

임진각에서 본 철길

두고 온 고향 땅 부모 형제를
기리는 망배단에 엎드려
제를 지내는 실향민들

임진각
끊어진 철길은 녹슬고
아쉬움도 서서히 녹이 슬어간다

손을 놓아버린 부모 형제
의지할 곳 없는 서러움의 눈물은
가늠할 수 없는 70년 세월이 지나가고

오도산 통일전망대 오르니
눈가에 흐르는 눈물 손에 받아 든 실향민
멀리 북한을 바라보는
모습은 애처롭다

육안으로 보이는 획일화된 집
우리와는 대조적 풍경이 펼쳐지고

아 멀어져 가는
통일의 그날을 기대하면서
쓸쓸히 돌아서는 발걸음은
무겁기만 하다

작은아이

황해도 옹진의 작은아이

두 살 때 엄니 등에 매달려
큰 배에 실린 피난길
엄마 젖과 고구마 먹으며
남으로 왔던 기억이 어렴풋이 머릿속을 스친다

대청도 앞바다에서 잡은 우럭
맑은 지리탕 안에 알만 건져 먹을 때

38선에 그어진 휴전선
고향으로 돌아갈 수 없었다

인천으로 건너온 키 작은아이
학교생활 내내 맨 앞자리는
나의 자리였다

하지만 군악대에서
리더십 터득한 난 단원들을 이끌었다

제대 후
경제의 흐름이란 200여 권의 책은
나의 삶을 바꿔 놓았고
세계 리더들의 일등 하는 방법도 배우게 되었다

이젠 작은아이가 아닌
제법 큰 아이가 되어
행복한 내 인생을 살고 있다

여의도

50여 년 전 공항을 개발하여
지금의 여의도가 탄생되었고
대한민국을 움직이는 여의도

요즈음은 왜 이리
시끄럽기만 한지
부탁하고 싶소

우리나라 대한민국이 여기까지
어떻게 왔는지
뒤돌아보며 으르렁 대지 말고

먼 훗날
무엇이 나라를 위함인지
대한민국을 위하여
무엇을 일궈 놓았는지
부디 좋은 일만 하길 바라는
국민의 한 사람 목청 높여 외친다

꼭 한 번만이라도

하늘엔 그림 잘 그리는
화가가 산다

파란 도화지 위에
흰색 물감으로 그리는
재주 좋은 너

풍선처럼 두둥실 떠다니는
강아지 낙타도 좋지만

꿈에서만 볼 수 있는
울 엄니 아버지
꼭 한 번만이라도
그려주면 얼마나 좋을까

오늘은 너에게 부탁하고 싶구나
너는 일등 화가잖니

제6부 장례식장의 화환들

지하철
시산제
소풍
노인복지관
건강한 내 몸
이웃사촌
다이어트
반월공단
노동절
황해도 도민의 날
소래포구
장례식장의 화환들
보청기
하늘에서

시산제

해가 바뀐 봄이 오면
산악인들에 안녕을 비는
산신령님께 막걸리 따르는
제사로 한 해를 준비한다

산을 탄다는 것은
큰 축복이고 행운이다

어영차 산악회 시산제

막걸리 한 잔의 위력은 얼마나 될까
건강하고 다부진 몸으로
산에 우뚝 서게 됨을
산신령님께 감사드리며
술 한 잔 부어 보았다

지하철

새벽 5시부터
자정 12시 넘어까지
쉼 없이 땅속 누비는
달리고 달리는 철마

너는 대한민국의 모든 국민의 발
오늘도 내일도
변함없이 달리는 너
너 없이는 살 수 없는
국민이 많다는 거 알고 있지
너에게 위로의 박수 보낸다

소풍

어릴 적 소풍 전날
잠 못 이룬 밤을 보내고
엄니가 싸주신 김밥 삶은 달걀 사이다 한 병 추가
최고의 선물 받아 들고 좋아했던
가슴 설레는 소풍 길

지금은
구름처럼 흘러갈 소풍 같은 인생
여유로운 삶 속에 살고 있으니

건강하게 활동하며
배려하며 감사하고
봉사하고 후원하며

100세 시대에
9988-1234
꿀맛같이 행복을 심으며 멋지게 살자

건강한 내 몸

건강은 건강할 때
지켜야 한다는 정신으로
내 몸은 내가 지킨다

새벽 6시
땀에 흠뻑 젖는 유산소 운동
30년 경력

스포츠 댄스 20년에
다져진 건강한 나의 몸

왕성한 활동과 봉사하며
큰 꿈과 목표를 두고
심장이 뛸 때
많은 것을 보고 느끼며

더 넓은 세상 밖에도 밟아보고
한도 없고 원도 없는
열정으로 멋지게 살 것을 다짐하며
김제삼 이름 석 자 남기고 가련다

이웃사촌

옷깃만 스쳐도 인연이라 했던가

우연은 스쳐 지나치면 그만이고
우연을 인연으로 만들고 싶다면
다가가야 한다

이웃에 누가 사는지
모른다고들 하지만

이웃을 만나면
먼저 인사하고 작은 미소를 보내보자

눈이 오면 솔선수범에 눈을 치우고
이웃을 배려하는
모습을 보이면
정다운 미소는 하트로 변한다

나의 머릿속은 늘 비즈니스 준비
발품 팔면 좋은 일이 생긴다

사회 각 단체 활동으로
봉사와 후원은 지갑을 열게 한다

이웃은 사촌이다
소풍 같은 즐거운 인생
우리 모두 행복했으면

다이어트

왜일까?
물만 먹어도
체중 기 바늘의 숫자
위로 치솟는다

굶고 운동할 수는 없어
먹고 운동하고
운동하고 먹고

작심삼일 쉽지 않다

터득한 스트레스 푸는 방법
음주 횟수 늘리고 줄이고
아직은 65kg 유지로
다이어트 성공이라 할까
보기에 좋아 보이지만
이제는 살을 키우지 말자

반월공단

내 인생 초석
안산 반월 기계공단
80년대 경인 지역 발전은
밀집해 있던 공장들이 대거 이전되었고
판자촌 철거민 이주로
안산 반월공단이 조성되었다

내 인생의 인연을 만나 반석이 된 곳
내 청춘도 함께 자리한
안산 반월 기계공단을 바라보면
고마움의 마음으로 가득 채워진다

황해도 도민의 날

두고 온 고향이 그리워
2세 3세 4세는
통일 애향 참여로
기억하기 좋은 날
함께 나누자는 뜻으로
5월 5일 어린이날로 정했다

기념식과 도민상 시상과
어린이 사생대회
체육대회도 열린다

1세대 어르신들은
두고 온 고향 형제들 생각에
막걸리 한 잔에 향수를 달랜다

황해도 옹진의 작은아이
이제 제법 큰사람 되어
맡은 바 임무에 최선을 다하고 있다

1세대 2세대
빈자리가 늘어나므로
규모가 줄어드는
아쉬운 염원의 남북통일
여운을 남기게 한다

보청기

세상을 살다 보니
좋은 소리 나쁜 소리
가려듣는 시대는 지났습니다

여러 직업군에 종사하며
오랜 시간 노출되어야 했던
우리의 젊은 날

어느 날
귀가 안 들리는 신체의 병이 찾아왔을 때
대인관계에 소외감마저 느끼고
우울증이 동반되는
치매로까지 이어질 수밖에 없는
참지 마세요
전문의를 찾아 고통을 호소해 보십시오

초고령화 시대에 사는 우린
이제 보청기는 필수가 되었고

정부에서는
청력검사 시 수치 미달이 되면
무상으로 보청기 지원해주는
청각장애 복지제도가 있습니다

아름다운 이 세상
구구팔팔 백이십 세(9988 120)까지
잘 듣는 행복함을
함께 누리시길 바랍니다

하늘에서

하늘에서 10시간을
땅을 보니 세계 나라 중

역시나
사계절이 뚜렷하고
울창한 산과 평야
강과 바다가 있는

풍성한 대한민국
금수강산이 최고다

구름 밑 대지는
눈 덮인 하얀 산
강과 물이 없는
메마른 땅과 끝없는 사막
사람이 살 수 없는 황야

천국이 여기 대한민국에
태어난 것 자체
행복이 시작이었다

에필로그

지금도 자유공원에 올라가면 나를 좋아했던 누나가 눈물을 훔치며 수줍어하는 모습이 눈에 들어와 피식 웃다 보면 지난날 필름 속엔 동생의 고픈 배 채워 주려고 등에 업고 장사가신 엄마 찾아 헤매는 어린 내가 한쪽에 서서 나를 바라보다 사라집니다.

전쟁이 일어난 후 부모님은 황해도 옹진에서 머구리배에 몸을 싣고 대청도로 피난 내려와 이제나저제나 돌아갈 날을 기다리다 휴전이 되어 고향으로 돌아갈 길이 막힌 부모님은 인천 동구 만석동 판자촌에 정착하게 되었습니다.

아버지는 동인천역 중앙시장 내 미군 부대에서 흘러나온 물건들을 사고파는 일명 양키 시장에서 구두와 옷 가게를 하시며 4남매를 더 낳아 5남매를 기르셨습니다.

가족들의 생활을 책임져야 했던 아버지의 고단했던 삶은 36세라는 젊은 나이에 우리를 남겨두고 저세상으로 먼저 떠나셨고, 그 자리는 어머니가 채워야만 했습니다.

이른 새벽 어시장으로 향하는 발걸음은 35세에 홀로된 아버지 역할까지 하며 5남매를 책임져야 했던 어머니, 어머니 몸엔 늘 생선 냄새가 배어 있었고 그 냄새 덕분에 우리를 배불리 먹이고 남들에게 떨어지지 않도록 열심히 뒷바라지해 주었던 어머니의 생선가게는 다른 가게들보다 더 잘 되어 돈도 많이 벌렸고 풍족하게 살 수 있었음은 아마도 하늘에서 아버지가 도와주시지 않았을까 생각해 봅니다.

72세로 아버지 따라 하늘로 떠나신 어머니, 이젠 모두가 잘살고 있는 우리 형제들 늘 아버지 어머니께 감사하며 더욱더 열심히 살겠다고 약속합니다. 애틋한 부모님 생각을 담은 저의 시집을 하늘로 돌아가신 부모님께 눈물로 바칩니다. 아버지, 어머니 사랑합니다.

성황리에 첫 시집을 완판하고, 틈틈이 써 두었던 시를 추가하여 두 번째 시집을 펴냅니다.

2024년 10월 1일
시인 요한 김 제 삼

빈손 인생

초판 인쇄	2024년 10월 02일
초판 발행	2024년 10월 10일
지은이	김 제 삼
발 행 처	다담출판기획 TEL : 02)701-0680
	서울시 영등포구 영신로30길 14, 2층
편 집 인	박 종 규
등 록 일	2021년 9월 17일
등록번호	제2021-000156호
ISBN	979-11-93838-28-0 03800
가 격	16,000원

본 책은 지은이의 지적재산이므로 무단전재와 복제를 금합니다.